대학 신론

大學 新論

대학 신론 大學 新論

발행일	2022년 8월 30일

지은이	최동석		
펴낸이	손형국		
펴낸곳	(주)북랩		
편집인	선일영	편집	정두철, 배진용, 김현아, 장하영, 박준
디자인	이현수, 김민하, 김영주, 안유경	제작	박기성, 황동현, 구성우, 권태련
마케팅	김회란, 박진관		
출판등록	2004. 12. 1(제2012-000051호)		
주소	서울특별시 금천구 가산디지털 1로 168, 우림라이온스밸리 B동 B113~114호, C동 B101호		
홈페이지	www.book.co.kr		
전화번호	(02)2026-5777	팩스	(02)2026-5747

ISBN	979-11-6836-473-8 03100 (종이책)	979-11-6836-474-5 05100 (전자책)

(주)북랩 성공출판의 파트너

북랩 홈페이지와 패밀리 사이트에서 다양한 출판 솔루션을 만나 보세요!

홈페이지 book.co.kr • **블로그** blog.naver.com/essaybook • **출판문의** book@book.co.kr

작가 연락처 문의 ▶ ask.book.co.kr

작가 연락처는 개인정보이므로 북랩에서 알려드릴 수 없습니다.

최고지도자를 위한 지침서

大
學

대학
신론

新
論

최
동
석 지음

공자의 가르침을
정통으로 나타내는
유교경전, 대학!
새롭게 풀어내다

북랩

머리말

10여 년 전이던가! 도올 김용옥 선생의 인터넷 강의를 보던 중 '앞으로 획기적인 연구성과는 대학에서 나올 것이다'라는 말을 듣고, 대학에 관한 연구에 인생을 걸겠다고 다짐했었다. 그후 거듭하여 읽고, 또 생각을 수정해서 글을 쓰고, 또 그 글을 지웠다 다시 쓰고를 수십 번 반복하여 완전하지는 않지만 필자의 대학에 관한 생각을 한권의 책으로 내놓게 되었다.

필자는 대학이 주자의 주장과 같이 인식론에 기반한 책이 아니라, 제왕학 즉 왕을 위한 학문이라고 확신한다. 왕은 결국 修身(수신)을 통해 길러진 덕을 갖추고 至善(지선)에 입각한 정치를 해야 한다는 것이 대학의 요지다.

그렇다면 이러한 주장은 현대 민주주의 사회에서 어떤 의미를 가질 수 있을까?

바로 최고지도자를 선택해야 하는 국민에게 '어떤 기준을 가지고 투표를 해야 하는지'에 관해 교훈을 줄 수 있다. 대학이란 문헌이 국가의 존망을 결정하는 중차대한 선택에 중요한 지침이 될 수 있다고 생각한다.

필자는 여러 교수님을 스승으로 모셔왔으나, 필자의 철학 세계랄까 사상의 형성에 가장 큰 영향을 준 인물이 도올 김용옥 선생이다. 이에 특별히 감사하다는 말을 남기며 10여 년간의 여정을 마치려 한다.

2022년 8월 8일

根巖(근암) 최동석 쓰

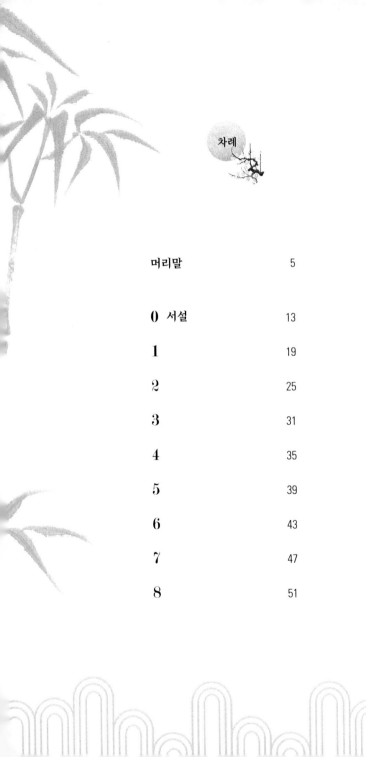

차례

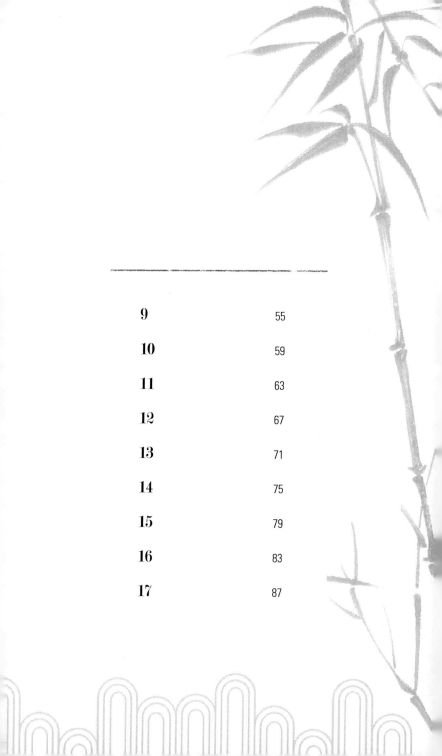

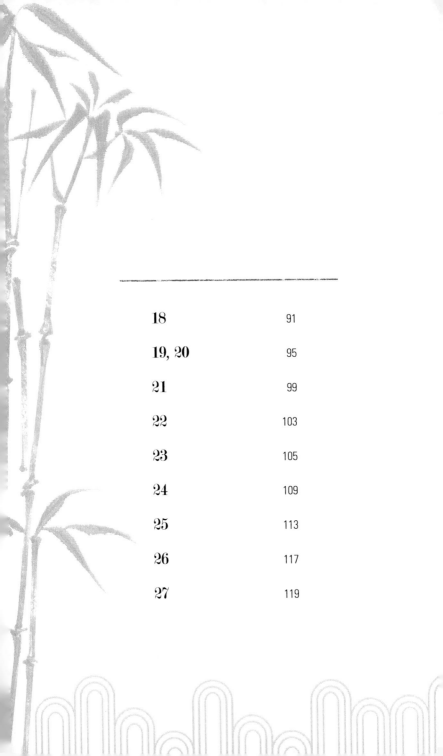

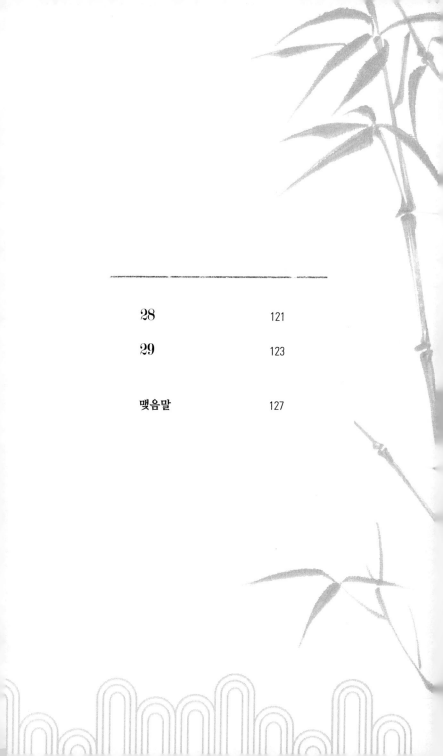

0

서설

대학은 지난 2,000여 년간 누구 하나 속 시원히 진의
를 밝히지 못한 문헌 중의 하나이다. 물론 주자가 '대
학장구'를 통해서 자신의 의견을 피력하였으나 많은
문제점을 내포하고 있다.

　대학이 왜 이렇게 어려운 문헌이 되었을까? 필자는
3가지로 그 이유를 생각한다.

　첫째, 한문의 모호성 때문이다.

　현재 우리가 보고 있는 고전의 한문은 死語(사어)이
다. 즉, 현재는 사용하지 않는 언어체계고, 그렇다 보
니 더욱 모호성이 드러나게 되었다. 이는 대학도 마찬
가지다.

둘째, 대학 자체의 불명확성 때문이다.

대학의 문장은 그리 친절한 문장이 아니다. 필자는 대학의 저자를 자사라고 조심스럽게 추측한다. 이렇게 생각하는 이유는 『중용』이 자사의 작으로 밝혀졌거니와 중용의 筆感(필감)이랄까 서술해나가는 느낌이 너무나도 유사하다. 그리고 순자는 자신의 글에서 자사에 대해 '도무지 무슨 말을 하는지 모르겠다'라고 말하고 있다. 이미 순자가 활동하던 시대에도 불명확성이 드러났던 모양이다.

셋째, 문헌의 錯簡(착간) 때문이다.

대학을 면밀히 읽어본 사람이라면 뭔가 문헌이 뒤섞여있다는 것을 파악하는 것이 그리 어렵지 않다. 아마도 진시황의 분서갱유와 연관이 돼 있을 가능성이 크지만, 이 또한 하나의 가설일 뿐이다. 현재까지 출토된 자료만으로는 대학의 저작 시기를 정확히 밝혀낼 수 없기 때문이다.

그렇다면 대학은 眞意(진의)를 알 수 없는 미지의 문헌일 수밖에 없는가?

필자는『맹자』라는 고전에 주목한다. 즉, 대학이 먼저 쓰였던지, 맹자가 먼저 쓰였던지 하나가 다른 하나에 영향을 주었을 가능성이 농후하다는 것이다. 대학의 저작 시기에 관해서는 춘추 말에서 秦漢之際(진한지제)까지 그 설이 다양하다. 그렇지만 분명한 것은 맹자도 비슷한 시기에 쓰였다는 것이다. 즉, 맹자를 통해, 대학을 해석하는 데 있어 많은 힌트를 얻을 수 있다는 것이다. 실제로 맹자의 천명사상이라든가, 정치사상, 경제론, 군주론 등이 대학에 많이 투영되어 있다. 결국 대학의 주제는 제왕학으로써, 핵심 주제는 '만백성의 本(본)으로서의 왕의 모습'이라는 것이다.

반면 주자는 대학을 통해서 자신의 인식론을 투영시켰다. '격물-치지'의 해석에서 여실히 드러나는데 그 의미를 '窮理(궁리)를 통한 보편적 知(지) 이름'으로 서술하고 있다. 이는 주자의 태극론과 직접적인 연관이 있는데, 즉 태극의 원리는 모든 사물에 각각 투영되어 있고, 따라서 어느 사물이든지 理(리)를 抱合(포합)하고 있으며, 이러한 物(물)을 格(격)함으로써 태극의 원리를 깨달을 수 있다는 것이다. 그리고 그렇게 깨달은 원리는 인간세의 윤리 법칙에도 그대로 적용되니, 격물을 이루어냄은 결국 모든 物理(물리), 倫理(윤리) 법칙을 꿰뚫고 있다는 의미와 상통하는 것이다. 그러한 성인이 수신-제가-치국-평천하를 할 수 있으니 온 세상이 평안해진다는 것이다. 하지만 자연계의 법칙인 물리가 그대로 인간계의 법칙인 윤리에 적용될 수 있다고 생각하는가? 어느 사물이든지 窮理(궁리)를 하여 知(지)에 이르면 모든 물리를 깨달을 수 있다고 생각하는가?

大學之道 在明明德 在親民 在止於至善

知止而后 有定 定而后 能靜 靜而后 能安 安而后 能慮 慮而

后 能得

物有本末 事有終始 知所先後 則近道矣

　대학의 도는 명덕을 밝히는 데 있으며 백성을 친함에 있으며 지극한 선에 머무르는 데 있다.

　머무를 데를 안 이후에야 정함이 있으니, 정한 이후에 능히 고요할 수 있고, 고요한 이후에 능히 편안하며, 편안한 이후에 능히 생각하며, 생각한 이후에 능히 얻을 수 있다.

사물에는 근본과 말단이 있고, 일에는 마침과 시작이 있으니, 먼저 할 바와 나중에 할 바를 알면 도에 가까워지리라.

여기서 대학이란 왕을 위한 학문을 일컫는다. 즉, '한 나라의 최고 권력자로서 백성에 대해서 어떠한 자세를 가져야 하는가'에 관한 가르침인 것이다.

주자는 대학을 소학의 대비되는 개념으로 보아, 하은주 시대에 15세 이상의 지도자가 될 사람들을 태학이라는 교육기관에서 배우는 가르침으로 보고 있다. 반면 소학은 사람이 8세가 되면 소학교에 들어가서 배우는 가르침으로 여기고 있다. 그러나 태학이라는 교육기관은 한대 이후에 설립되었으며, 소학이라는 문헌이나 개념도 그 당시엔 있지 않았다.

한 나라의 왕이 갖추어야 할 덕목으로 먼저 明明德(명명덕)을 들고 있다. 여기서 명덕이란 하늘이 생래적으로 인간에게 부여한 덕을 말하며, 이것은 반드시 밝혀야[明] 의미가 있다.

그리곤 이렇게 밝힌 덕을 바탕으로, 재친민, 즉, 백성에 친애감을 갖고 다가가야 한다. 이어서 지극한 선[至善]에 머물러야 하는데, 여기서 머무른다[止]는 표현을 쓴 것은, 한번 지선에 이른다 하더라도 그 지속성을 갖춰야 한다는 것이다. 왜냐하면 인간은 끊임없이 脫善(탈선)의 가능성을 지니기 때문이다.

주자는 정자의 친은 신이 되어야 한다는 주장을 받아들여, '재신민'으로 보아야 한다고 한다.

즉, 악습에 젖어있는 백성을 새롭게 교화시키는 임무를 가지고 있다고 말한다. 이는 백성을 교화의 대상으로 바라봄은 물론, 자칫 독재정치의 옹호에의 주장으로 이어질 수 있다. 민심은 그대로 천심이지 왕의 교화 대상물은 될 수 없다. '재친민'이 옳다고 보여지며 이는 맹자의 여민락, 백성과 즐거움을 함께한다는 의미와도 상통한다.

삼강령의 요지는 비유적으로 표현하자면 大人(대인)이 횃불을 밝혀서[明明德] 어둠에 있는 사람들에게 다가가[親民] 머무르는 모습[止於至善]이라고 할 수 있다.

古之欲明明德於天下者 先治其國 欲治其國者 先齊其家 欲齊
其家者 先修其身 欲修其身者 先 正其心 欲正其心者 先誠
其意 欲誠其意者 先致其知 致知 在格物
物格而后 知至 知至而后 意誠 意誠而后 心正 心正而后 身
修 身修而后 家齊 家齊而后 國治 國治而后 天下平

　옛날 천하에 명덕을 밝히고자 했던 사람은 먼저 그
나라를 다스렸고, 그 나라를 다스리고자 하는 사람은
먼저 그 집안을 가지런히 하고, 그 집안을 가지런히 하
고자 하는 사람은 먼저 자기 몸을 닦았고, 자기 몸을
닦고자 하는 사람은 먼저 그 마음을 바르게 했고, 그
마음을 바르게 하고자 하는 사람은 그 뜻을 성실히 하

였으며, 그 뜻을 성실히 하고자 한 사람은 먼저 致知하였으니 致知는 格物에 있느니라.

物格 이후에 知至하게 되고 知至하게 된 이후에 뜻이 성실하게 되고, 뜻이 성실하게 된 이후에 마음이 바르게 되고, 마음이 바르게 된 이후에 몸이 닦아지고, 몸이 닦인 이후에 집안이 가지런해지고, 집안이 가지런하게 된 이후에 나라가 다스려지고, 나라가 다스려진 이후에 천하가 평안해지느니라.

해설

주자의 격물-치지에 관한 해석은 위에서 上述(상술)한 바와 같다.

반면 다음은 자사의 작으로 추측되는 '性自命出(성자명출)'의 일부분이다.

凡人雖有性 心無定志 待物而後作 待悅而後行 待
習而後定. 喜怒哀悲之氣 性也. 及其見於外, 則物
取之也.

모든 사람은 비록 性(성)을 가지고 있지만, 그 心(심)
자체는 하나로 정해진 지향성을 가지고 있지 아니하
다. 그 心(심)은 외계의 사물과 접촉이 이루어진 후에
야 비로소 지향성의 원형이 생겨나기 시작하며, 기쁨
의 감정을 맞이한 후에나 비로소 발출하는 활동을
시작하며, 또 학습을 거친 후에 비로소 그 지향성은
안정된 틀을 갖게 된다. 회·노·애·비의 氣(기)야말로 性
(성)이다. 그것이 겉으로 드러나게 되는 것은 바로 사
물의 접촉이 그것을 끄집어내 주기 때문이다.

- 도올 김용옥, 『중용 한글 역주』중에서 인용

즉, 格物(격물)이란 物(물)에 접촉함을 말하는 것이고, 그런 후에 致知(치지) 지향점을 알게 된다는 것이다. 그리고 지향점은 위에서 말한 至善(지선)을 가리킨다.

이러한 과정을 거친 후에 誠意(성의; 뜻을 참되게 함) - 正心(정심; 마음을 바르게 함) - 修身(수신; 덕을 닦음) - 齊家(제가; 집안을 가지런히 함) - 治國(치국; 나라를 다스림) - 平天下(평천하; 천하를 평안케 함)가 되는 것이다.

自天子 以至於庶人 壹是皆以修身爲本

其本亂而末治者 否矣 其所厚者 薄 而其所薄者 厚 未之
有也

此謂知本 此謂知之至也

천자로 비롯됨으로써 서인에 이르기까지 모든 사람
이 몸을 닦는 것으로써 근본을 삼느니라.

그 근본이 어지럽고서 말단이 다스려지는 경우는
없으며, 후하게 대해야 할 사람에게 박하게 하고, 박
하게 대해야 할 사람에게 후하게 대하는 경우는 있
지 않느니라.

이를 일러 근본을 안다고 한다. 이것을 일러서 앎에 이른다고 한다.

이 부분을 기존의 전통적인 해석으로는 '천자부터 서인에 이르기까지' 즉, '천자를 포함한 서인에 이르기까지'로 풀이한다. 그러나 필자는 '천자가 모범이 되어 서인에 이름에 일체 수신의 본으로 삼는다'라고 해석한다.

그리고 천자가 本(본)이 되고 서인이 末(말)이 되니, 천자가 어지러우면서 서인이 다스려지는 경우는 없는 것이다.

所謂誠其意者 毋自欺也 如惡惡臭如好好色 此之謂自謙 故君

子必愼其獨也 小人閒居 爲不善 無所不至 見君子而后 厭然

揜其不善 而著其善 人之視己 如見其肺肝 然則何益矣 此謂

誠於中 形於外 故 君子必愼其獨也

이른바 '그 뜻을 성실하게 한다는 것'은 자신을 속이
지 말라는 것이다. 마치 악취를 싫어하듯이 하며 아름
다운 여인을 좋아하듯이 하는 것이니 이것을 일러 '스
스로 만족함'이라 하니, 그러므로 군자는 반드시 그 홀
로일 때 삼가야 한다. 소인이 한가롭게 혼자 있을 때
불선한 짓을 하되 이르지 않음이 없다가 군자를 본 후
에 슬그머니 그 불선을 가리고 그 선을 드러내지만, 남

이 자기를 알아봄이 마치 그 간과 폐를 뚫어보듯이 하니 그 무슨 소용이 있겠는가. 이런 것을 일러 '마음에 성실함이 있으면 겉으로 드러난다'고 하는 것이니, 그러므로 군자는 반드시 그 홀로일 때 삼간다.

해설

자신의 뜻을 참되게 한다는 것은 자신에게 떳떳함을 말하는 것이고, 自謙(자겸)은 스스로 흡족해함이니 스스로를 속임이 없음을 말한다. 군자는 언제나 이러함이 홀로일 때도 다름이 없으나 소인은 그 반대다.

曾子曰 十目所視 十手所指 其嚴乎 富潤屋 德潤身 心廣體胖

故君子必誠己意

증자가 말했다. '열 눈이 보는 바요, 열 손가락이 가리키는 바이니, 그 엄중함이여!' 부는 집을 윤택하게 하고 덕은 몸을 윤택하게 한다. 마음이 넓어지고 몸이 편안하게 펴지니 그러므로 군자는 그 뜻을 성실하게 한다.

증자는 '모든 언행이 백성의 주시 대상이 되니 어찌 삼가지 않을 수 있겠는가'라고 말하고 있으니 이는 곧 한 나라의 왕을 가리킨다. 그리고 그러한 왕은 덕을 갖추어야 하며 반드시 뜻을 참되게 가져야 한다.

마음이 넓어지고 몸이 펴진다는 것은 편안해짐을 말한다.

詩云 瞻彼淇澳 菉竹猗猗 有斐君子 如切如磋 如琢如磨 瑟兮僩兮 赫兮喧兮 有斐君子 終不可兮

如切如磋者 道學也 如琢如磨者 自修也 瑟兮僩兮者 恂慄也 赫兮喧兮者 威儀也 有斐君子終不可諠兮者 道盛德至善 民之不能忘也

詩云 於戲 前王不忘

君子 賢其賢而親其親 小人 樂其樂而利其利 此以沒世不忘也

'저 기수의 물 굽이진 곳을 바라보니 푸른 대숲 우거졌어라. 멋진 군자여! 자른 듯 가는 듯, 쪼아낸 듯하며

문지르는 듯하구나. 엄숙하고 굳세며 빛나고 성대하니, 멋진 군자여! 끝내 잊을 수 없구나!'

'如切如磋'는 배움을 말한 것이고, '如琢如磨'는 스스로 자신을 닦는 것을 말한 것이다. '瑟兮僩兮'는 두려워 조심하는 마음을 말한 것이요, '赫兮喧兮'는 위엄 있는 모습을 말한 것이다. '有斐君子, 終不可諠兮'는 그의 성대한 덕과 지극한 선을 백성들이 능히 잊지 못함을 말한 것이다.

시에서 말하였다.
'아아, 전왕을 잊지 못하노라'
군자는 어질게 여겼던 것을 어질게 여기고 친하게 여겼던 것을 가까이하며, 소인은 즐겁게 해준 것을 즐겁게 여기고 이롭게 해준 것을 이롭게 여기니, 이것이 전왕이 세상을 떠나셨어도 잊지 못하는 이유이다.

시경 衛風(위풍) 淇奧(기욱) 편의 일부분이다.

훌륭한 군자를 칭송한 것으로, 修身(수신)의 결과로 보여지는 모습을 묘사하고 있다.

한 나라의 왕이 學(학), 修身(수신)을 게을리하지 않아야 한다는 것을 이야기하면서, 그러한 盛德(성덕)과 至善(지선)을 이루어간 왕은 오래도록 백성의 칭송을 받게 된다는 것을 말하고 있다.

아래 싯구는 시경 周頌(주송) 烈文(열문) 편의 일부분이다. 방식은 다르지만 군자는 군자대로, 소인은 소인대로 전왕의 성덕을 잊지 못한다. 군자는 前王(전왕)의 어짊과 친함을 기리며, 소인은 즐거움을 단지 즐거움으로 여기고 이로움을 이로움으로만 여길 뿐이지만, 전왕을 잊지 못함을 매한가지이다.

康誥曰 克明德

太甲曰 顧諟天之明命

帝典曰 克明峻德

皆自明也

湯之盤銘曰 茍日新 日日新又日新

강고에서 말하길 '능히 덕을 밝힌다'

태갑에서 말하길 '이 하늘의 밝은 명을 항상 돌아본다'

제전에서 말하길 '능히 큰 덕을 밝힌다'

모두 '밝힘'에서 비롯되는 것이다.

탕왕의 대야에 새긴 글에서 말하길 '진실로 하루를 새롭게 하고 나날이 새롭게 하며 또 날마다 새롭게 한다'

해설

전통적인 해석은 自明(자명)을 스스로 밝힘으로 되어 있으나, 필자는 '밝힘으로부터 비롯된다'라고 해석하였다. 康誥(강고), 太甲(태갑), 帝典(제전) 모두 덕을 밝힘이 왕도정치의 시작임을 역설하고 있다는 것이다.

이어지는 구절은 탕왕의 매일 새로워짐에 대한 다짐을 밝혀놓은 것이다. 주자는 新民(신민: 백성을 새롭게 함)의 근거로 들고 있으나, 새로움의 대상은 탕왕 자신이지 백성이 아니다.

康誥曰 作新民

詩曰 周雖舊邦 其命維新

是故 君子無所不用其極

강고에서 말하길 '새로운 백성을 진작시켜라'

시에서 말하길 '주나라가 비록 오래된 나라이나 그
천명은 새롭도다'

그러므로 군자는 그 지극함을 쓰지 않음이 없다.

　여기서 新民(신민)은 殷(은)나라의 유민이니, 무왕이 은
나라 紂王(주왕)을 복속시킨 후 새로이 주나라에 편입된
백성을 말한다.

　또한 시구는 시경 대아, 문왕(文王) 편의 일부분이다.
주나라가 은나라에 이어 새로이 천명을 받음을 일컫는
말이다. 그리하여 새로운 백성을 편입시키기 위해 진
작시킴에 지극히 한다는 의미다.

詩云　邦畿千里　惟民所止

詩云　緡蠻黃鳥　止于丘隅

子曰　於止　知其所止　可以人而不如鳥乎

시에서 이르길 '〈왕의 도성〉천 리여, 오직 백성이 머무르는 곳이네'

시에서 이르길 '우짖는 황조여 울창한 산언덕에 머물러 있고나'

공자가 말씀하시길 '(저 새도) 머무름에 그 머무를 곳을 아는데 사람이 새만도 못할 수 있겠는가?'

　각각 시경 商頌(상송) 玄鳥(현조), 시경 小雅(소아) 綿蠻
(면만) 편의 일부다.

　邦畿千里(방기천리)란 천자의 德治(덕치)가 미치는 상징
적인 범위로, '한낱 새도 머무를 곳을 아는데, 하물며
사람인들 어떠하리'라는 공자의 말을 인용하고 있다.

詩云 穆穆文王 於緝熙敬止

爲人君止於仁 爲人臣 止於敬 爲人子 止於孝 爲人父 止於

慈 與國人交 止於信

　시에서 이르길 '깊고도 원대하신 문왕이여, 오호라!
계승하여 밝고 빛나시며 공경함에 머무시도다'
　사람의 군주가 되어서는 인에 머물렀고, 사람의 신
하가 되어서는 경에 머물렀고 사람의 자식이 되어서는
효에 머물렀고, 사람의 아비가 되어서는 자애에 머물
렀고, 나라 사람들과 사귐에는 신에 머무르셨도다.

시경 大雅(대아) 文王(문왕) 편의 일부분이다. 人君(인
군), 人臣(인신), 人子(인자), 人父(인부), 與國人交(여국인교) 각
각 그 자리에 맞는 기품을 지녔으니 이를 한마디로 하
면 止於至善(지어지선)이다.

子曰 聽訟 吾猶人也 必也使無訟乎

無情者 不得盡其辭 大畏民志 此謂知本

공자가 말씀하시길 '송사를 듣고 처리하는 일은 나도 다른 사람과 마찬가지이다. (그러나) (그보다는) 반드시 송사가 없게 하리라'

無情者는 그 말을 다하지 못하고, 백성의 뜻을 크게 두려워하니 이를 일러 '근본을 안다'고 한다.

여기서 無情者는 진실한 사람과 대비되는 개념으로 허위적인 인간을 말한다. 그리고 그러한 자들이 백성의 뜻을 크게 두려워하니, 함부로 송사를 일으키지 못하게 한다는 의미다. 이를 일러 근본을 안다고 했으니, 크게 보아 진실한 사람을 위한 사회를 이루어 나간다는 것이다.

所謂修身 在正其心者 身有所忿懥 則不得其正 有所恐懼 則

不得其正 有所好樂 則不得其正 有所憂患 則不得其正

心不在焉 視而不見 聽而不聞 食而不知其味

此謂修身 在正其心

수신이 그 마음을 바르게 함에 있다는 것은, 마음에
분노가 있으면 바름을 얻지 못하고, 두려워하는 바가
있으면 바름을 얻지 못하며, 좋아하는 바가 있으면 바
름을 얻지 못하고, 우환이 있으면 바름을 얻지 못하기
때문이다.

마음이 있지 않으면 보아도 보이지 않고, 들어도 들
리지 않으며, 먹어도 그 맛을 알지 못한다. 이를 일러 수신은 마음을 바르게 하는 데 있다.

　분노, 두려움, 사적인 좋아함, 우환 등은 대상을 바르게 인식하지 못하게 한다. 그래서 보아도 보이지 않고, 들어도 들리지 않고, 먹어도 그 맛을 알지 못하는 것이다. 이와 같이 군자는 마음을 바르게 가져야 소위 수신이 가능하다고 역설하고 있다.

所謂齊其家 在修其身者 人 之其所親愛而辟焉 之其所賤惡而

辟焉 之其所畏敬而辟焉 之其所哀矜而辟焉 之其所敖惰而辟

焉 故 好而知其惡 惡而知其美者 天下 鮮矣

故 諺 有之 曰 人 莫知其子之惡 莫知其苗之碩

此謂身不修 不可而齊其家

이른바 '자기 집안을 가지런히 함이 그 몸을 닦음에

있다'는 것은 사람들이 그 가까이하고 사랑하는 것에

편벽되고, 그 천하게 여기고 싫어하는 것에 편벽되며,

그 두려워하고 공경하는 것에 편벽되며, 그 슬퍼하고

불쌍히 여기는 것에 편벽되며, 그 거만하고 나태한 것

에 있어서 편벽된다. 그러므로 좋아하면서 그의 나쁜

점을 알고, 미워하면서 그의 아름다운 점을 아는 사람은 천하에 드물다.

그러므로 속담에 이런 말이 있다. '사람들이 자기 자식의 나쁜 점을 알지 못하고, 자기가 키우는 곡식의 싹이 크게 자란 줄을 모른다. 이것을 일러 몸이 닦여지지 않으면 그 집안을 가지런히 할 수 없다'는 것이다.

해설

여기서 여러 가지 면에서 편벽되어, 그 대상을 바르게 보지 못함은 즉, 중용을 잃은 모습이다. 바꾸어 말하면 중용을 지키는 사람은 좋아하면서도 그 나쁜 점을 알고, 미워하면서도 그의 아름다운 점을 안다.

이러한 중용의 모습은 자기 집안에서도 발휘되니, 자기 자식이라도 편벽됨이 없이 볼 수 있게 된다. 그리고 이러한 모습을 바탕으로 집안을 가지런히 할 수 있는 것이다.

所謂治國 必先齊其家者 其家 不可敎 而能敎人者 無之 故
君子 不出家而成敎於國 孝者 所以事君也 齊者 所以事長也
慈者 所以使衆也

康誥 曰 如保赤子 心誠求之 雖不中 不遠矣 未有學養子而
后 嫁者也

一家 仁 一國 興仁 一家 讓 一國 興讓 一人 貪戾 一國 作
亂 其機 如此 此謂一言 僨事 一人 定國

　이른바 나라를 다스리려면 반드시 그 집안을 가지런
히 해야 한다는 것은, 그 집안을 가르치지 못하면서 남
을 가르칠 수 있는 경우는 없으며 따라서 군자는 집을
나서지 않아도 나라에 가르침을 이룬다. 효는 임금을

섬기는 소이요, 제는 어른을 섬기는 소이이며, 자는 군중을 부리는 소이다.

강고에서 '갓난아기 돌보듯 하라' 했으니 마음이 진실로 구하면 비록 정확하게 들어맞지는 않더라도 멀지 않으니, 자식을 기르는 것을 배운 후에 시집가는 자는 없다.

한 집안이 인하면 한 나라가 인을 흥기하며, 한 집안이 겸양하면 한 나라가 겸양을 흥기한다. 한 사람이 탐하여 어그러지면 한 나라가 어지러워지니, 그 기제가 이와 같다. 이를 일컬어 한마디 말이 일을 그르치고 한 사람이 나라를 안정시킨다고 한다.

자식 기르는 것을 배운 후 시집가는 경우는 없지만 마음으로 진실하게 구하면 도리에 멀지 않다. 이러한 진실한 마음을 바탕으로, 한 집안이 인을 실천하면, 한 나라가 인을 흥기시키게 하고, 한 집안이 겸양하면, 한 나라가 겸양을 흥기시키게 한다. 반대로 한 사람이 탐하여 어그러지면 한 나라가 어지러워진다.

한 국가에서 王과 王家의 수신, 제가가 갖는 의미를 밝히고 있다.

堯舜 帥天下以仁 而民從之 桀紂 帥天下以暴 而民從之 其所
令反其所好 而民不從 是故 君子 有諸其而后 求諸人 無諸己
而后 非諸人 所藏乎身不恕 而能喩諸人者 未之有也

故 治國 在齊其家

요순이 천하를 인으로 이끄니 백성이 그에 따랐고,
걸주가 천하를 포악함으로 이끄니 백성이 그에 따랐
다. 명령하는 바가 좋아하는 바와 반대되면 백성이 따
르지 않는다. 이 때문에 군자는 자신에게 있은 후에 남
에게 구하고, 자신에게 없어야 남을 비판한다. 몸에 恕
(서)가 없이 남을 깨우칠 수 있는 자는 없다.

따라서 나라를 다스림은 집안을 가지런히 함에 달려
있다.

이 구절은 필자도 了解(요해)가 잘되지 않는다. 다만
명하는 바가 좋아하는 바에 반대된다는 것은 예컨대,
자신은 포악하면서 백성에게는 인할 것을 명하는 것이
니 백성이 따르지 않게 된다. 어쨌건 핵심구절은 恕(서)
로써, 자신에게 갖추어진 후에 남에게 요구하고, 자신
에게 없은 후에 남을 비판할 수 있다는 것이다.

이러한 恕(서)를 바탕으로 齊家(제가)가 될 수 있고, 제
가가 되어야 치국이 가능하게 된다고 역설하고 있다.

16

詩云 桃之夭夭 其葉蓁蓁 之子于歸 宜其家人 宜其家人而后
可以敎國人

詩云 宜兄宜弟 宜兄宜弟而后 可以敎國人

詩云 其儀不忒 正是四國 其爲父子兄弟 足法而后 民 法之也

此謂治國 在齊其家

시에서 말하였다.

복사나무가 곱고 또 곱구나. 그 잎이 무성하도다. 아
가씨가 시집감이여! 그 집안 사람이 마땅하니 그 집안

사람이 된 후에 나라 사람을 가르칠 수 있다.

시에서 말하였다.

형이 형답고 아우가 아우다우니, 형이 형답고, 아우가 아우다운 후에 나라 사람을 가르칠 수 있다.

시에서 말하였다.

위의가 어긋나지 않구나. 사방의 나라를 바르게 한다. 아버지와 아들, 형과 아우가 족히 본받을 만한 후에 백성들이 그를 본받는다.

이를 일러 나라를 다스림은 집안을 바르게 하는 데 있다고 한다.

　왕가에 시집가는 처녀나 그 집안의 형과 아우는 왕
가의 구성원이며, 이 왕가를 본받을 만한 후에 백성들
이 본받으니 왕가의 제가의 중요성을 말하고 있다. 그
런 후에 나라를 다스릴 수 있게 된다.

所謂平天下 在治其國者 上老老 而民興孝 上長長 而民興弟
上恤孤 而民不倍 是以 君子 有絜矩之道也

所惡於上 毋以使下 所惡於下 毋以事上 所惡於前 毋以先後
所惡於後 毋以從前 所惡於右 毋以交於左 所惡於左 毋以交
於右 此之謂絜矩之道也

　소위 천하를 평안케 하는 것이 그 나라를 다스림에
달려있다는 것은, 윗사람이 노인을 노인으로 대접하면
백성이 孝(효)를 흥기시키고, 윗사람이 어른을 어른으
로 대접하면 백성이 弟(제)를 흥기시키며, 윗사람이 외
로운 이를 불쌍히 여기면 백성이 배신하지 않는다. 이

때문에 군자는 '絜矩之道(혈구지도)'가 있다고 한다.

윗사람에게서 싫었던 것으로 아랫사람을 부리지 말며, 아랫사람에게서 싫었던 것으로 윗사람을 섬기지 말며, 앞사람에게서 싫었던 것으로 뒤에 오는 사람에게 먼저 그런 짓을 하지 말며, 뒷사람에게서 싫었던 것으로 앞에 가는 사람을 좇지 말며, 오른쪽 사람에게서 싫었던 것으로 왼쪽 사람과 사귀지 말며, 왼쪽 사람에게서 싫었던 것으로 오른쪽 사람과 사귀지 말라. 이것을 혈구지도라고 한다.

　여기서 대학 전체의 핵심 구절이라 할 수 있는 絜矩
之道(혈구지도)라는 구절이 나온다. 혈구란 도형을 그리
는 도구로써 혈구지도는 타인이 모범으로 삼을 만한
행위 준칙을 말한다. 한 나라를 통치하는 자는 혈구지
도가 되어야 하나니, 나라의 모든 이들이 그를 보기 때
문이다. 그리하여 나라에 孝(효), 弟(제), 不倍(불배)의 풍
조가 생겨나고, 자신으로 말미암아 남을 헤아리는 恕
(서)의 풍조가 만연하게 되니, 나라의 도가 바로서고,
나라의 도가 바로서니 천하가 평안해지는 것이다.

詩云 樂只君子 民之父母 民之所好 好之 民之所惡 惡之 此
之謂民之父母

詩云 節彼南山 維石巖巖 赫赫師尹 民具爾瞻

有國者 不可以不愼 辟則爲天下僇矣

시에서 말하길 '즐거운 군자여! 백성의 부모로다' 백
성이 좋아하는 것을 좋아하고, 백성이 싫어하는 것을
싫어하니, 이것을 일러 백성의 부모라 한다.

시에 말하길 '우뚝 솟은 저 남산이여! 바위가 우뚝하

도다. 위세 당당한 태사 윤씨여! 백성들이 모두 그대
를 바라보노라'

 나라를 가진 자는 삼가지 않을 수 없으니 편벽되면
천하의 죽임을 당한다.

해설

 17장의 내용을 시를 통해 뒷받침하고, 한 나라의 왕
이 편벽되면 비참한 최후를 맞게 된다는 경고를 하면
서 맺고 있다. 즉, '나라의 모든 백성이 그대의 일거수
일투족을 보고 있으니 어찌 삼가지 않을 수 있겠는가!'
라고 말하고 있다.

19. 詩云 殷之未喪師 克配上帝 儀監于殷 峻命不易

20. 道得衆則得國 失衆則失國

是故 君子先愼乎德 有德 此有人 有人 此有土 有土 此有財
有財 此有用

19. 시에 이르기를 은나라가 큰 스승을 잃지 않았을
때는 상제와 짝할 수 있었다.

은나라를 거울삼으면 큰 명이 바뀌지 않는다.

20. 백성의 마음을 얻으면 나라를 얻고, 백성의 마음을 잃으면 나라를 잃는다.

이 때문에 군자는 먼저 덕을 삼가야 하니, 덕이 있으면 이에 백성이 있고, 백성이 있으면 이에 땅을 소유하게 되고, 땅이 있으면 이에 재물을 소유하게 되고, 재물이 있으면 이에 쓰임이 있게 된다.

해설

現傳(현전)하는 대학은 착간이 심한 문헌이다. 이를 고려하지 않고, 문맥에 꿰맞춰

해석하면 오역이 되기 쉽다. 19장과 20장의 문장은 다른 문맥으로 생각해야 한다. 왜냐하면 은지미상사의 師(사)에는 결코 백성이라는 의미가 없기 때문이며, 기존의 해석은 뒤의 백성[衆]과의 연결성 때문에 師(사)를 백성으로 해석하는, 어처구니 없는 번역이 이루어졌다.

19장은 은나라가 큰 스승, 즉 혈구지도를 지닌 偉人(위인)을 잃지 않았을 때는 상제와 짝할 수 있어서 天命(천명)을 얻었으니 이러한 은나라를 본으로 삼으면 천명을 잃지 않으리라는 문구인 것이다.

반면 20장은 어느 구절에 연결되어야 하는지 알 수 없으나, 어쨌든 백성의 마음을 얻는 일이 重且大(중차대)하다는 것을 말하는 것이다.

그렇다면 백성의 마음을 얻기 위해선 어떻게 해야 하는가? 덕을 삼가면, 백성이 따르고, 백성이 따르면 백성이 머물고 생활하는 땅이 생기고, 땅이 생기면 재물이 생기게 되고 재물이 생기면 쓸 곳이 생기게 된다. 모든 일이 덕에 달려있고 결국 지극한 덕치에 의해 이 모든 것이 이루어지게 된다.

德者 本也 財者 末也

外本內末 爭民施奪

是故 財聚則民散 財散則民聚

是故 言悖而出者 亦悖而入 貨悖而入者 亦悖而出

　덕은 근본이요, 재물은 말단이다.

　근본을 밖으로 하고 말단을 안으로 하면 백성들을
다투게 하여 빼앗는 것을 가르치게 된다.

　그러므로 재물이 왕에게 모이면 백성이 흩어지고,

재물이 백성들에게 나누어지면 백성이 모이게 된다.

  이런 이유로 말이 어긋나게 나가면 또한 어긋나게 들어오는 것과 같이, 재물이 어긋나게 들어오면 또한 어긋나게 나가게 된다.

해설

  덕은 근본이고, 재물은 말단이니, 왕이 재물을 탐내면 왕을 혈구지도로 삼는 백성도 다투어 빼앗게 된다. 따라서 재물을 탐함으로써 백성이 흩어지게 되고, 반대이면 백성이 그 왕 주변으로 모여들게 된다. 말이 어긋나게 나가면 어긋나게 들어오듯이, 재물도 어긋나게 들어오면 어긋나게 나가게 된다. 왕이 재물에 대해 어떤 태도를 보여야 하는지를 말하고 있다.

22

康誥曰 惟命不于常 道善則得之 不善則失之矣

강고에서 말하길 '천명은 일정한 곳에만 있지 않다.'
선하면 천명을 얻고 불선하면 천명을 잃게 된다.

해설

'천명은 변하니 선하면 얻고 불선하면 잃게 된다'라
고 역설하고 있으니, 결국 至善(지선)의 정치를 해야 천
명을 얻게 된다.

楚書曰 楚國 無以爲寶 惟善 以爲寶

舅犯曰 亡人 無以爲寶 仁親 以爲寶

초서에서 말하길 '초나라는 보배로 삼을 만한 것이 없고 오직 선을 보배로 여긴다'

구범에서 말하길 '망명 중인 자는 보배로 삼을 만한 것이 없고, 어진 이를 친함을 보배로 여긴다'

역시 선에 입각한 정치를 펴고, 어진 이를 귀하게 여
겨야 한다고 말하고 있다.

秦誓曰　若有一个臣　斷斷兮　無他技　其心　休休焉　其如有容
焉　人之有技　若己有之　人之彦聖　其心好之　不啻若自其口出
寔能容之　以能保我子孫黎民　尙亦有利哉　人之有技　媢疾以
惡之　人之彦聖　而違之　俾不通　寔不能容　以不能保我子孫黎
民　亦曰殆哉

　진서에서 말하였다. 만약 어떤 한 신하가 꿋꿋이 성
실하고 변함이 없어 다른 재능은 없으나 그 마음은 너
그러워서 남을 포용할 도량이 있는 듯하고, 남이 가진
재능을 마치 자신이 가진 듯이 여기며, 남의 아름다움
과 밝음을 진심으로 좋아함이 입으로 칭찬하는 정도에
그치는 것이 아니라면, 이는 남을 포용할 수 있는 이로서 능히 우리 자손과 백성을 보존할 수 있을 것이니, 또한 나라에 이로움이 있을 것이다. 남이 가진 재능을 시기하고 미워하며, 남의 아름다움과 밝음을 거슬러 통하지 못하게 하면 이 사람은 남을 포용할 수 없는 자라 우리 자손과 백성을 능히 보존할 수 없을 것이니, 또한 나라를 위태하게 할 것이다.

해설

여기서는 어떤 신하를 등용해야 하는지에 관해서 말하고 있다. 다른 재능은 없으나 덕을 지닌 자와, 재능이 있더라도 덕이 부족해서 남을 포용할 수 없는 자를 대비적으로 예를 들어서, 각각의 경우 나라에 미치는 영향을 역설하고 있다.

唯仁人 放流之 迸諸四夷 不與同中國 此謂 唯仁人 爲能愛人
能惡人

見賢而不能擧 擧而不能先 命也 見不善而不能退 退而不能遠
過也

　오직 어진 사람이라야 이런 사람을 추방하고 유배하
여 사방 오랑캐의 땅으로 내쫓아 나라 안에 있는 사람
과 함께 살지 못하게 할 수 있다. 이를 두고 '오직 어진
사람만이 남을 사랑할 수 있고, 남을 미워할 수 있다'
고 하는 것이다.

어진 인재를 보고서도 들어쓰지 않고, 들어쓰더라도 앞세우지 못하는 것이 명이요, 불선한 자를 보고서 물리치지 못하고, 물리치더라도 멀리 내치지 않는 것은 잘못이다.

好人之所惡 惡人之所好 是謂拂人之性 菑必逮夫身

是故 君子有大道 必忠信以得之 驕泰以失之

'남들이 싫어하는 것을 좋아하고, 남들이 좋아하는 것을 싫어하는 것을 일컬어 사람의 본성을 거역하는 것'이라고 하니 반드시 재앙이 몸에 미칠 것이다.

그러므로 군자는 대도가 있으니 반드시 성실함과 믿음으로써 그 도를 얻고, 교만과 방자함으로 그 도를 잃는다.

生財有大道 生之者 衆 食之者 寡 爲之者 疾 用之者 舒
則財恒足矣

　재물을 생산함에 대도가 있으니 생산하는 자는 많
고, 그것을 먹는 자가 적으며, 재물을 만드는 자는 빠
르고 쓰는 자는 느리면 재물이 항상 풍족하게 된다.

仁者 以財發身 不仁者 以身發財

未有上好仁而下不好義者也 未有好義 其事不終者也 未有府
庫財 非其財者也

　인한 사람은 재물로써 자신을 일으키고, 불인한 사
람은 자신으로써 재물을 일으킨다.

　윗사람이 인을 좋아하는데 아랫사람이 의를 좋아하
지 않는 경우는 없으며, 의를 좋아하는데 일이 마무리
되지 않는 경우는 있지 않으며, 나라 창고에 있는 재물
이 그의 재물이 아닌 경우는 없다.

29

孟獻子曰 畜馬乘 不察於鷄豚 伐氷之家 不畜牛羊 百乘之家 不畜聚斂之臣 與其有聚斂之臣 寧有盜臣 此謂 國 不以利爲利 以義爲利也

長國家而務財用者 必自小人矣 彼爲善之 小人之使爲國家 菑害 竝至 雖有善者 亦無如之何矣 此謂國 不以利爲利 以義爲利也

맹헌자가 말했다. '수레를 끄는 네 마리 말을 기르는 대부는 닭과 돼지 기르는 일을 살피지 않고, 얼음을 채 벌해서 쓰는 경대부는 소와 양을 기르지 아니한다. 전 차 백 대를 낼 만한 땅을 가진 대부는 가렴주구하는 가

신을 두지 않는다. 가렴주구하는 가신을 두기보다는
차라리 도둑질하는 가신을 두는 것이 더 낫다.'

국가의 우두머리가 백성의 재물을 모으는 데만 힘쓰
는 것은 반드시 소인에게서 비롯된다. 왕이 소인들이
잘한다고 하여 소인으로 하여금 국가를 다스리게 하면
천재와 인재가 함께 이르게 된다. 비록 선한 사람이 있
더라도 또한 어찌할 수 없게 된다.

이것을 '나라는 이익으로써 이로움을 삼지 않고, 의
리로써 이로움을 삼는다'고 하는 것이다.

이 부분은 특히 착간이 심하여 제대로 된 의미를 파악하기 어렵다. 글이라는 것은 문맥에서 파악할 때 정확한 의미가 전달되는 것인데, 그런 면에서 파악이 어렵다고 한 것이다. 이에 대해서 좀 더 심도 있는 연구가 필요하다고 여겨진다.

맺는 말

대학은 착간이 매우 심한 문헌이다. 그런데 이를 고려치 않고, 앞뒤 문맥에 꿰맞춰 해석하게 되면 전혀 다른 의미가 되어 버린다. 이는 대학을 읽고 주를 다는 대다수 학자가 범했던 오류이며, 주자 역시 그랬다.

그리고 주자 대학을 못마땅하게 여기는 학자들도 마땅한 대안이 없어서 주자 대학에 많은 부분을 의존해 왔던 것이 사실이다.

이러한 착간 문제는, 더 많은 문헌이 출토되면 밝혀질 문제이지만, 그 원인으로 진시황의 분서갱유가 아닌가 추측한다. 대학에서 주장하는 정치사상과 진시황이 펴나간 정치사상은 극명하게 대립된다. 그리고 그 후 어느 원본 대학을 아는 학자가 기억력에 의존해서 다시 적어 내려간 것이 현재의 대학이며, 착간의 원인이 아닌가 생각한다.

필자의 주장처럼 전국시대에 쓰인 문헌이 대학이라면, 당시로서는 매우 파격적인 주장이 아닐 수 없다. 지선 정치를 바탕으로 한 덕치에 의해 치국, 평천하가 가능하다는 이야기는 오로지 힘에 의한 정치, 부국강병을 통한 전쟁 국가가 만연했던 시대에 그 시대의 대세를 역행하는 주장이기 때문이다.

이러한 대학의 주장은 맹자에게 이어져서 맹자의 왕도 정치론과 연결되었다는 것이 필자의 주장이다.

그리고 앞부분에서 밝혔듯이, 중용과 대학은 논의를 전개해나가는 방식이나, 글의 느낌이 너무나 유사하다. 자신의 주장을 펴고, 시, 서를 인용해 뒷받침하는 구조도 그렇거니와, 또 누구나 자신만의 독특한 筆感(필감)을 갖고 있기 마련인데 이를 통해 대학의 저자가 자사라는 추측이 가능하다.

하지만 이것도 추측일 뿐이고, 더 많은 문헌이 발굴되고 연구가 진행되어야 할 것이다.

마지막으로 격물, 치지 부분을 짚고 넘어가고자 한다. 주자는 자신의 인식론을 이 구절에 투영시켰고, 격물을 통해 치지를 이룬 자만이 천하를 평안케 할 수 있다고 여겼다. 그리고 이 부분이 대학에 필생의 공력을 들인 결정적인 부분이기도 하다.

하지만 본문에서 밝혔듯이, 격물은 물에 즉한다는 의미 이상이 아니며, 따라서 치지도 물이 인식에 들어온다는 의미 이상이 아니다. 그리고 자사가 저술했다고 추정되는 '性自命出(성자명출)'이라는 문헌이 이를 뒷받침한다.

결국 대학의 대의는 지선 정치이고, 핵심 구절은 絜矩之道(혈구지도)이다.

혈구지도는 공자의 恕(서)와 유사한 의미이며, 공자는 자신의 도가 서로 一以貫之(일이관지)하고 있다고 말한 부분이 논어에 나온다. 그리고 만인의 이목이 모이는 왕이 갖춰야 할 덕목이 바로 혈구지도인 것이다.

오늘날 잘못된 최고지도자가 나라, 그리고 더 나아가 세계에 미치는 영향을 생각한다면 우리 국민이 어떤 지도자를 선택해야 하는지 대학이 시사하는 바는 자못 크다고 할 수 있다.